JN439938

바다골짜기

이종무 시집

바다 골짜기

초판1쇄 발행 2023년 8월 30일

지은이 이종무
펴낸이 이길안
펴낸곳 세종출판사

주소 부산광역시 중구 흑교로 71번길 12 (보수동2가)
전화 051－463－5898, 253－2213~5
팩스 051－248－4880
전자우편 sjpl5898@daum.net
출판등록 제02-01-96

ISBN 979-11-5979-608-1 03810

정가 12,000원

본 도서는 2023년 부산광역시, 부산문화재단〈부산문화예술지원사업〉으로 지원을 받았습니다.

바다 골짜기

이종무 시집

세종출판사

시인의 말

일어나 창문을 열었다

바람이 창문 밖에서 겨울 노숙을 했나 보다 우리 집은 새벽에 문을 연다우 미안하지만 동트기 전까지 조금만 더 발 동동 노크해 주세요 아직 이불 속이 좋아요 수평선에 걸친 검은 구름처럼 아직 눈꺼풀이 안 풀렸답니다

- 알람 시계의 발칙한 기지개

우리 집은 별거 없답니다 침대, 제 역할 못 하는 TV와 전화기, 옷걸이, 옷장 그리고 시집 몇 권이 전부죠

그래도 습관처럼 동이 틀 때를 맞춰
일어나 창문을 열면
눈살 찌푸릴 새도 없이 바람이 노크하죠

새벽 손님

머리카락과 뺨을 스치고 코로 들어가 폐부의 깊숙한 곳까지 들어왔다 차갑지만 다행인 것은 동해 소금기를 머금은 신선한 공기다 미역 냄새와 통통배에서 뿜어내는 감성적인 냄새까지 물밀듯이 들어섰다

이제 손님 그만 오랄까요?
아니요, 이왕 이런 거, 동해 바람 다 들어오라 하세요

차례

2부
바다에 빠지다

3부

바다 생활

4부
바다의 역사

5부
바다와 꿈

1부
바다와 삶

1.5리터 페트병

바다에서 난파당한 1.5리터 페트병
죽을 고비를 넘기며
해안에서 목숨을 맡기고 있다

파도가 일렁이는 대로 몸을 맡기는 것은
버린 자에 대한 두려움보다
가벼움에 대한
원망이 앞섰기 때문이다

바다를 반이나 담고도
바다가 될 수 없고
칠게가 문을 두드려도 반길 수 없는
미안한 마음이
나머지 반을 채우기 때문이다

쓰레기 섬

북위 30° 동경 140°로 돌면
시계 방향으로 한없이
북태평양 해류와 인사하고
바람을 만나면
반시계 방향으로 돌고 또 돌며
몸집을 키운다

해류가 거의 작동하지 않는
원형으로 순환하는 환류 안쪽부터
보금자리를 틀고
파도가 대형을 깨트려도
스크럼을 풀지 않겠다는 맹세는
서로를 보듬어 그들만의
작은 섬을 이룬다

결코 뭍에 가고 싶지 않아
버린 자의 잘못을 스스로 안고
미세 플라스틱으로 남지만
바다 깊은 곳에 수장될 그날까지도
물고기에게조차 숨길 수밖에 없어
스스로 그물에 갇힌 죄인이 된다

북위 30° 동경 140°에
몸을 던지면
그물에 묶여 원형 순환 해류에 떠돌며
버려진 자들의 낙원에서 돌고 또 돈다

컨테이너선 선장

선장은 자리에 앉자마자 1,500TEU*급 묵직한 어조로 항구를 나선다 담배 파이프 대신 사근사근한 인사말을 도넛 연기로 만들 줄 안다. 마스터에는 항상 니카라과산 커피 향이 함께 핀다 조곤조곤 말소리가 파도 사이로 달리고 연이어 날치 떼가 몰려온다 뭍에서의 이야기는 궁금한 게 너무 많다 꽃향기가 그리운 바다다 참치, 돌고래에 이어 하늘에는 갈매기도 한자리 차지하기 위해 난간에 기댄다 상선은 수송기, 어선은 전투기 매 항차 주제는 바다 관객에 따라 물보라가 달라진다 1등항해사는 웃고 조타수는 수평선만 바라본다

* TEU(Twenty Feet Equivalent Unit-가로길이 20피트(6.10m)짜리 컨테이너)

바다를 들어 올린 남자

항구의 냄새가 뒷골목을 기웃거린다 중앙동 해운선사 밀집 거리까지 찾아왔다 차용우식 참치 대신 소곱창구이집까지 쫓아온 걸, 식당 주인은 치우다 만 탁자에 소금기 축축한 바다를 폈다 첫 안주는 헬기에서 두 번 떨어진 이야기, 태평양에서 빨래한 셔츠로 시작해 적도 무풍시대 지나 윌리윌리 추가는 신화가 되었다 늙은 종업원에게 팁을 꽂으며 '라떼'를 연거푸 들이켰다 바다를 홀대하면 파도가 성을 낸다며 참치 눈물을 담은 잔을 굳이 목을 꺾어 마셨다 태평양을 통째로 담아 눈높이까지 들어 올리고 있었다 배는 떠나고 항구의 냄새 진해지는 밤, 술잔은 높아도 바다는 결코 꺾어지는 법이 없었다

참치잡이 이야기

참치는 신화다
400kg이 넘는 놈을
밤이 새도록 해체해도
끝없는
아직 아가미 근처에도 못 미쳤다

골든 샤워*의 꿈은
그물 갑판에 오줌 누는 여자로
세상의 금기를 깨고
출항하는 꿈에서부터
중앙동 선술집까지 그물을 펼쳤다

배가 뒤집힐 따가운 시선을
태평양에 빠뜨리고
2차세계대전 이후 처음으로
어선이 전투함이 되는 과정을
참치회에 담았다

북위 13° 동경 145°의
비린내 그득한 이야기는
붉은색에서 흰 살 부위로
카리브해까지 어장을 옮겨 다니며
옷 소매 걷어붙이고 있었다

* 항해의 성공이 여자의 실수 덕분이라는 바이킹의 신화

항구와 노동

부두 하역이라는 것이 갠트리크레인 하나면
5만 톤 컨테이너선도 집어 올릴 참인데
쇠줄은 하역 노동자의 손을 거쳐야만
비로소 완성이다

갑판에서 날린 무전이
고정줄을 타고 부두에 안착하면
골리앗이 부러워할
무인 원격 조종 트랜스퍼가 손에 침을 바르며
붉은 목장갑을 깍지 낀다

목에 두른 수건조차
힘겨워 땀을 흘리는 갑판은
배와 바다의 질긴 공생의 공간

하역을 마무리할 때까지는
갈라진 손바닥을 보여줄 틈이 없어
긴장은 항구에서
숨을 죽인다

갈매기 날갯짓이 저녁놀을 부르고
엔진실 굴뚝 연기가 어둠에 몸을 숨길 때

부두에서 날린 무전이 다시 고정줄을 타고
갑판에 오르는 순간,
붉은 목장갑 속 힘줄이
쇠줄을 잡으려
항구에서 시퍼렇게 출렁인다

다시마와 노동

물양장*
양식장에 다녀온 배가
자리를 펴면
다시마가 슬그머니 그물망 위에 눕는다

면장갑마저 점액질에
혀를 내두를 노동의 시간
일광욕이 아름다운 5월의 햇살마저
모자라는 일손 보탠다

어민들이 시멘트 바닥에서
오와 열을 맞추기도 전에
다시마가 알아서 돌아눕고
포장 옷으로 갈아입는 곳

파도 소리가 바스락거릴 때까지
꼬박 하루
뒤집기를 반복하면
허리는 노동의 대가를 아는지

닿기만 해도 부서지는 아픔을
이를 악물고 참아내며 함께 누울 만큼
노동의 흔적이 쩍쩍 마르는
물양장의 하루

* 작은 어항의 넓은 다목적 부두

그녀의 갯벌

그녀는 일터는
목덜미 가리는 챙 넓은 모자와
가슴까지 올린 노란 해루질 장화
무릎 아프면 언제든지 재택근무 보장에
썰물 때 출근하고 밀물 때
정시퇴근하는 갯벌이다

푸른 바다를 마음껏 볼 혜택과
게 눈보다 빠른 상사 눈치 볼 필요도 없고
일하면서 진흙 팩 바를 특권

썰물과 함께 출근해서
세발낙지와 숨바꼭질하고 놀다가
입이 심심하면 한 다리 떼어 물고
질긴 인생의 맛을 곱씹으면서
허리 한번 펴고 진흙 팩 고쳐 바르고
생각은 그저 도시에 나간 자식뿐
속살이 뽀얀 백합 조개는 덤이다

때로는 덤으로 사는 인생도 있어야지
개흙 속에 발목 잡힌 삶이어도
갈고리 호미 하나면 대학 농사
시집, 장가 다 보낸 옥토가 되고
승진도 좋은 사무실도 필요 없고
웃음만큼의 기쁨이면 충분하다

그녀는 밀물보다 빨리 퇴근한다

선박 수리

남항동 항구에는
육중한 몸의 러시아 배가 뭍에 올라
원색 원피스와
붉은 립스틱 고르며
바닷속에 비친 몸매를 뽐내느라
용접 불똥이 어디로 튀는지
점심때가 언젠지도 모르고
노동의 시간만이 파도에 쓸려간다

코를 탁 쏘는 페인트 냄새가
물고기도 쫓아버리는
푸틴의 성격을 말해준다며
흰 이 드러내고 웃는 작업자의
머리 위로 갈매기도 지쳐갈 즈음

5만 톤 갑판에 떨어지는
철근 동가리가
남항동 항구를 빙빙 돌아
저녁 시간이 되어서야
불꽃만이 긴 숨을 몰아쉬며
노동의 그림자는 파도에 일렁인다

서생항

서생의 작은 어촌, 한때는 아담한 학교가 제일 큰 건물이었던 적도 있었다 도로 뚫리고 원자력 발전소 들어서면서 카페가 바다 사랑을 독차지하려고 줄줄이 몸단장하는 곳이다 사람들은 한결같이 분위기 좋고 커피 맛이 바다를 닮았다며 가슴 뻥 뚫리는 이야기를 흘리고는 줍지도 않고 플라스틱과 함께 파도에 몸을 맡겨 버린다 정작 어항은 사랑도 잊고 커피도 잊었다 철 되면 미역 따고 멸치 말리고 투박한 손길 따라 해풍에 몸을 던지는 마음조차 짠물이 천직인 어항이다 방파제 한쪽에서 고기잡이 채비가 분주할 때는 덩달아 카페도 바쁘다 플라스틱 컵은 해안에서 멀어지고 있다 멀어질수록 바다에 다가가려는 카페 창 쪽 탁자가 붐빈다 동해 푸른 고래라도 보이는 것처럼

별명이 먹장어인 친구

배관 용접 기술자로
흘수선 아래로
먹장어처럼 30년을
팔꿈치로 기어 다녔다

그 친구 다 좋은데
술 한 잔 목구멍에 넘기는 날
꿈도 사랑도 얼기설기 도면이 되고
꺾인 배관이 따로 없고
팔뚝에 선명한 용접 불티 상처는
부둣가 선술집에서도
내놓지 않는 그의 안줏거리

러시아 선장이 냉동고에서 일했다고
눈깔 허연 참치는 덤이다
친구랍시고
참치 '참' 자도 안 꺼내고
큰 고기 담을 거 준비하라는
넉살은 먹장어임이 틀림없다

덕분에 항구가 가깝다고
양동이 들고 갔다가
포대기 두르고 택시 탄 이야기는
10년 우려먹을 그의 안줏거리

정작 꺾인 배관을 따라
흘수선 아래로 포복해도 말이다

어선

낮에 쉰다
방파제 안쪽
홋줄에 옆 어선과
어깨 맞대고 파도에 삐걱댄다

선장이 마시다 만 소주병과
등지느러미 날 선 볼락 뼈가
신문지 위에 초장과 함께 갑판에 남아
어항에 비린내 풍기며
신세타령이다

면세유 가격 인상과
낮은 출산율의 신문 기사만이
바람에 펄럭이면
한낮의 태양 아래
홋줄 맨 채 가자미 자세로
옆 어선과 어깨 싸움질이다

부두에서

귀를 열어 파도가 어디쯤 왔는지
혹은 원유 운반선이

수평선과 나란히 걷고 있는지
일없는 걱정의 파고를 높인다

모든 것은 마음으로 보아야지
그저 겸손해진다는데

속 좁은 마음 비우고
푸른 고래 보겠다고 나선 부두

한마디 말없이 조용히 그리고 차분하게
파도를 맞이하면

흘수선 상단 눈금이 높아지는 만큼
마음의 짐이 내려갈까

묘박지

묘박지에 닻을 내린 LPG 운반선
조류에 몸을 맡기고
방파제 바깥에서 유유자적이다
망상어 몇 마리 배 그늘에
꼬리지느러미 흔들더니
이내 사라진다

전망대에서 바라보는
고성능 망원경 안에
다 들어오지 못하고 순서 기다리다 지쳐
깃발 펄럭이며
한숨만 쉬는 운반선

이미 떠날 채비 다 했는데
항구 바깥에서
푸른 고래가 나타나기만을
손꼽아 기다리는
한 점 풍경이 노동의 휴식이 되었다

자갈치 회센터에서

부산 남항이
한 번쯤 봐달라며 손짓하는
자갈치 회센터 2층

파도를 가슴에 담고 싶어
바다 세트를 주문한다

생선회부터 해조류까지
한 상 가득한 탁자 위에는
태평양을 다 뒤져 가져온
이야기가 계속 쌓이고
소주병 수위는 낮아지고 있다

덤으로 나온 고등어구이까지
바다로 다 떠난 시점에도
외로이 탁자를 지키는 젓가락

어선은 조용히 닻줄 올리고
남해로 떠난다

2부

바다에 빠지다

인상 21-해돋이

아침에 일어나 창문을 열면
사각의 바다가 액자에 매달려
벽면을 장식한다

바다와 하늘이 동침하는 새벽녘
때론 바다가 하늘이 되고
하늘이 바다가 되는
어스름 현상에

최초의 해는
바다와 하늘이 이불을 개고
미역 양식장 작업선이
부이줄 잡는
찰나의 순간에

수평선을 팽팽하게 당기며
눈싸움을 한다

일출

책상 벽면 메르카토르 도법 지구 행성에
해가 떴습니다

자전축을 중심으로 낮과 밤이
본초자오선을 가를 때
세네갈의 마른 수탉이 홰를 치고
마다가스카르에서는
죽은 바오밥나무, 일어나
침상에서 삐걱거리며 눈을 뜹니다

창문 안에 들어온 낮은 햇살은
킬로만자로 눈을 녹이더니
나일강의 지류로 변해
사하라를 적시러 가고
맨발로 모래를 밟던
스핑크스의 발톱을 간지럽히는 시각

동쪽으로 난 창문을 넘어
해는 남반구를 넓게 비추고
인도양을 지나 태평양까지

반대로 떠올라
해가 서쪽에서 떴다며
날짜변경선을 넘던 참치 떼가
우왕좌왕하며 물보라를 일으킬 때

남극으로 뻗친 햇살을 받은
펭귄이 기지개를 켜고
남빙양의 차가운 물 속으로 뛰어들면
아침 햇살 조각이 유빙처럼 떠 있습니다

네모 바다

커튼을 젖혔다 통유리를 가로지르는 이분법
한 줄, 위아래 양면으로
바다는 밤새 안구의 구분을 위해 뒤척였나 보다

수채화를 접었다가 펼친 흔적이 아스라이 남은 접점부터
자연이 만들어낸 창문틀의 콜라주

스티로폼 흰 부표가 분주하게 파도 골과 구름 사이에서
정체성에 대한 갈등을 빚고 있다
어부를 기다리는 빨간 깃대마저
윗면으로 솟았다가 다시 파도 밑으로 사라지는
번뇌의 미학을 붓은 끝끝내 놓지 않았다

긴장의 끈이 팽팽할 즈음
미역 작업선이 사선을 긋고 가는 흔한 일상의 아침

반구대 귀신고래 문양이 새겨진 벽지 경계에서
바다는 심호흡 한 번으로 잠시 멈춘 시간
간절곶 해는 한 줄, 아래에서부터 곡선으로 솟아오른다

일렁이는 파도의 반사면에서 햇빛이 춤출 시간
밤새 불을 켠 집어등이 가쁜 숨을 거두고
등대가 비로소 하루의 일과를 마치면
마침내 수평선 한 획이 드러난다

한 줄, 하늘과 바다의 경계가 비로소 완성된다

일출 2

폭풍우 지난 바다
새벽은 꿀 먹은 벙어리다

밤새 떠벌리던 승냥이가
길든 순한 양이 되어
밀려온 미역을 위로할 때

7만 6천 톤급 벌크선은
수평선에 붙어
도가니에 철광석을 붓고
용광로 쇳물의
화려한 외출을 돕는다

바다는 또 다른 일상
노동 현장의 막이 오른다

미역 양식장
낚싯배의 귀항과 갈매기의 기다림
해변 상점 물청소 소리

서생 바다 2

오늘도 서생의 바다는
눈높이까지 차올랐다

멀리 해송 허리쯤에서
보란 듯이 춤을 추며
언제나 나를 만나겠노라, 반기겠노라
출렁거리는 빈말이 귀엽다

때로는 눈에 넣어도 아프지 않을
눈부신 몸매를 자랑하는
푸르름이 물밀듯이 치고 들어와
사랑하노라 바람에게 전하는
어부의 투박함이 닮았다

오늘도 눈높이까지 차오른
서생 바다는
온종일 나를 위해 노래하노라
창문 밖에서 서성대고 있다

바다

네온사인 읽으라는 압박도
몇 층인지 헤아릴 필요가 없는
평등한 파도뿐
깊고 넓어도 자랑한 적 없다

누군가 와서
사진에 담고 화폭에 넣어도
눈 아프지 않을 만큼의
푸르름이다

숨바꼭질할 곳도
발 디뎌 올라설 까닭 없이
보는 만큼 가슴에 담을 수 있고
같은 곳을 응시하라는 표식도 없어
부담 없는 믿음이다

배 한 척 지나는 것은
여백의 아름다움이고
카메오의 또 다른 이름

눈길 주고 거두는 시간까지
여유로움만이 남는 푸른 공간

바다, 한 생각

바다는 그리움이 많아
수평선에서 배가 오고 가고
귀신고래가 분수를 뿜으며 춤추고
등대가 손짓하며 윙크하고
그것도 모자라
갈매기가 목 놓아 울면
텅 빈 마음마저 갈피를 잡을 수 없어
파도에 이리저리 밀려
물속으로 숨바꼭질하는 공간

품 안에 든 게 많아서
일일이 챙기지 못해
바라보는 곳이 다 그리움인지는 몰라도
그 속에 안기고 싶은
그리움이 넘실대는 공간

밋밋하게 있으면 재미가 없어
이별의 눈물도 담고
미역 따는 노동의 땀도 보태
파도로 섞고 마음에 안 들면

유화에 유화를 덧칠해
구성이 마음을 붙잡을 때까지
푸른 고래 한 마리
살짝 던져두고 싶은 공간

우아, 바다다

윤슬이
창문을 넘어와
눈꺼풀 간지럽히는 동해의
푸르름이여!

눈 감고
수평선까지 달리고
파도 이름으로
바람에 신세도 지고

백사장
모래 듬뿍 묻힌 채로
얼음 넣은 음료수에 홀딱 반한
우아, 바다다

갯바위

파도치는 바다에 반해
영원히 그의 품속에 빠졌다

빰을 후려갈기는
태풍을 달고 와 안길지언정
넘실대는 사랑을 주체하지 못해

바닷물이 말라
물거품 꺼질 때까지
파도의 개성 넘치는
조각품이 되기로 결심했나 보다

수만 년 견뎌온 사랑 자체로
열녀문 하나쯤 단단히 박아
갈매기와 낚시꾼에게 알릴 만도 한데
어린 홍합을 차마 떨쳐버릴 수 없어
웅크려 속마음 숨긴 채

뼛속까지 짠물 스며도
바다를 향한 그의 사랑
노을 속 한점 불탄 숯검정이 되었다

바다 그림자

바다는
자신을 비추는 거울이 없다
그래서
헝클어진 파도를
곱게 다듬기가 어렵다

대신
해와 구름이 만드는
하늘과
대양을 건너는 컨테이너선의
스크루 물살을 담는다

정작
남의 모습을 담고
자신은 풍랑에 일렁이는
파도의 끝자락도 보기 어려워
바람의 때를 기다려
몸을 세우고
흩어지는 물살을
우두커니 볼 밖에

바다는
스스로 모습을 그릴 수 없어
남들이 만들어 내는 모습을
가슴에 담아
위안 삼을 뿐

제 그림자 찾겠다고
등대에 하소연한 적 없어
어쩌면
하늘을 담는 것이
자신을 닮은 또 다른
거울이라 여기며
출렁이는 삶을 산다

당물길

창문 높이까지 바닷물이
파랗게 물들었어요
그래서 창문 열기가 겁나요

어선과 미역 작업하는 배까지
창문으로 뛰어 들어오면 어떡하나
걱정이 가득합니다

게다가 초승달이 수면에 뜨면
마음도 금빛 너울이 되어
창문을 열어놓을 수 없답니다

밤마다 들려오는 세레나데는
이불 덮어쓴 눈동자를
까만 밤하늘 별로 만듭니다

몽돌

까맣게 탄 얼굴
파도에 등 떠밀려
해변에서 자갈자갈
온몸으로 부르는 노래

둥근 틈 곳곳에
흰 거품을 불러들이고
어깨 부딪히며
구르고서야 드러나는 본성

이야기가 닳고 닳아
자연사 박물관에 있을법한
그들만의 수다

해안을 따라
벗어나지도 벗어날 수도 없고
붙잡지 않으나
붙잡히지도 않는 바다의 노래

태풍

파도 소리에 귀 기울여라

바다의 속 깊은 소리

965헥토파스칼 북상하는 태풍의 눈을 봐라

귀신고래의 188dB 초음파까지
해안에서 하얗게 나뒹굴고
덩달아 황톳이 뿌리째 뽑혀
바위틈에 정 못 붙여
구조 신호 보낼 때

한 무리의 배는 스스로 결박하고
또 한 무리는 파도를 넘어
적도 일직선으로 내빼고 있다

파도는 소용돌이 구름에 가려
소리만 뭍으로 오른다

창자까지 헤집는 소리에
눈 감고 두 손 가슴에 모을 시간

태풍은 965헥토파스칼로 북상하고 있다

3부

바다 생활

미역국

미역을 물에 풀면
소금기를 제하고도
양손 가득한 물기

쇠고기 참기름에 볶다가
정성을 담아 넣으면
따로 또 없는 영혼의 동반자

혼자보다 둘이서
다져지고 볶아진 솥에
어울리지 못하는 것이 과연 무엇일까

바다를 품어 안은 채로
솥에 담그면
비로소 풀리는 해산의 몸

집어등集魚燈

저녁 해가 져야만
먼 수평선부터 고기잡이 불빛이
하나, 둘 눈을 뜬다

휴전선에 철책 보안등이 있다면
대륙붕 12해리에는
고기가 어망을 빠져나가지 못하게
철저하게 경비를 서는
어부의 눈빛이 있다

누군가는 잡아야 살고
또 누군가는 잡혀야 하는
삶의 조명이
파도 끝 은빛 비늘이 되어 일렁인다

밤이 깊을수록
물고기는 사이키 조명을 쫓아
수면 위로 몰려와 춤을 춘다

불빛은
춤의 파문을 쫓아
그물을 내려 스크럼을 짜고
물고기에 장단을 맞춘다

아침 해가 펄떡일 때까지
두 눈에 핏대 세우고
마지막 경계 근무를 서며
수평선 끝자락에서
거센 파도와 함께 마지막 춤을 춘다

풍어豐漁

달빛이 파도 어깨를 타고
춤추며 일렁인다

200촉 집어등을 밝힌
오징어 채낚기 어선이
마지막 낚싯줄을 당기는 시점까지
땀방울 튕기는 먹물 위

어부의 눌러쓴 모자와
꾹 다문 입가에
잠시 머문 흔적만 남기고
갑판과
마스트를 오가며
비릿한 냄새를 흘리더니

어느새 파도와 함께
귀엣말을 속삭이고 있다

500톤의 몸집을 자랑하는
오징어잡이 배가
만선에 취해 파도 어깨를 잡고
달빛에 몸을 맡기고 있다

게

파도가 부서지는 바위틈 어디쯤이 고향이랬지
한평생 고향을 벗어나지도
벗어날 생각조차 못 한 게 한이 되었을까

파도에 섞여서 들리는 작은 발걸음 소리에도
소스라쳐 게걸음 쳐도
집게 하나만큼은 영원한 자존심이 되었다

마파람에도 눈을 감추는 겁쟁이지만
파도와 바위의 절묘한 경계에서
어느 쪽에도 치우치지 않고 산다
하늘과 바닷속 그 어디에도
마음 두지 않고 편하게 지낸다

파래와 어깨동무하고 고동과 놀다가
성게 만나면 따갑게 언쟁하고
파도가 오기도 전에 먼저 자세를 낮추고
태풍 때는 아예 바위와 한 몸이 된다

바위에 붙어 바위와 살고
파도 속에서 모진 세상을 배웠다

풍파에 등껍질이 부서질지언정
똑바로 걷는 것이 세상에 대한 예의라며
갯바위 경계에서 두 팔 벌려 외치고 있다

꼬시래기 묵

몰라서도 못 먹고
알아도 손이 많이 가서 먹기 힘든
서해바다 홍조식물

흰색 옷으로 갈아입을 때까지
검은색을 열 번 빨고
해풍에 열 번 말리는 동안
어머니의 열 손가락이
흰색 실처럼 가늘어졌다

노폐물과 중금속을 해독시킨다는
알긴산을 알기는 무슨
모르긴 몰라도
액젓으로만 간을 맞추고
눋지 않게 젓고 불 조절하면
걸쭉한 정성으로 태어난다는 사실

바지락볶음에 참깨까지 얹으면
목구멍에서 열 번을 맴돌아도

말로는 도저히 가늠이 안 되는
가늘고 투박한 손맛이
왈칵 눈물로 솟구쳐 오르는 맛

바닷물 속 바위

바닷물 속 바위는
제 색깔을 잃어
귀 막고 눈 감은 지 오래다

해류에 떠밀려온 파래가
발 내릴 공간을 요구해도
굳이 세를 받지 않고

미역이 옆에서 손을 놓칠세라
구원의 손길을 뻗으면
두말없이 자리를 내주고

누구라도 파도에 휩쓸리거나
거센 풍랑에 난파당하거나
결코 차별하지 않는다

홍합이 붙어 제 모습을 완전히 잃어
심술궂은 욕심쟁이로 보일지 몰라도
매가리가 가끔 놀러 오고

물때마저 눌러앉아
심심할 틈이 없을 만큼
타고난 모습은 이미 사라져

사랑을 듬뿍 받았기에
파도에 휩쓸리고
해류에 떠밀려도

바닷물 속 바위는
제 모습을 찾아주는
손님을 마다하는 법이 없다

멸치

멸치과 멸치속
학명은 Engraulis japonica
그 하나만 언짢았어. 자포니카라니

주둥이가 튀어나오고
아래턱은 짧아 못생겼지만
가늘고 긴 몸매가 자랑

양턱의 작은 이빨이 한 줄로 줄지어 있고
등은 암청색, 배는 흰색
몸 옆쪽에 은백색 줄 하나가 매력 포인트

헤엄칠 때는
등지느러미와 뒷지느러미 여린 줄의
춤사위가 파도를 닮았어

콩깍지보다 작은 키로
통영, 추자도를 거쳐 평안도까지 갔다가
동해 통천까지 어떻게 가는지 몰라

뭍에서 바로 죽어 이름이고
운이 없어 기선권현망에 걸려
쪄지고 건조과정은 기본인데

프라이팬에 칼숨을 남기고
진한 다시 국물이 매력 만점인
은빛 다포리

상어

너의 이름은 『죠스』의 주인공
까만 등지느러미로 삼각 돛대 세우고
파도를 가르며
〈Theme From Jaws〉로 보이지 않는 전율을
바다에 뿌리고 다닌다

최상위 포식자, 생태계의 균형자, 시속 50km의 속도
수식어조차도 당당한 바다의 늑대가
대나무 꼬챙이에 전설처럼 주렁주렁 꿰어
퍽퍽하니 간장 맛 외에
도무지 젓가락의 관심을 끌 매력이 없다

샥스핀 요리는 예외인지
노화 방지, 항암효과 뮤코다당에다
단백질 콘드로이친황산으로 굳은
이빨 빠진 두루치는
해풍에 바싹 말려
kg당 팔려나가는 황금 무역

돈에 눈먼 인간에 쫓겨
심해 스콸렌으로 쪼그라들어
트럭 짐짝에 포개진 채로
허연 눈깔 희번덕이는 본능만이
삼각돛 휘젓고 다닐 바다를 꿈꾸며
박제되어 항구를 떠난다

미역을 따며

서생 미역이 자란단 말을
봄바람이 전해왔다

일과를 마치자마자
바짓단 무릎까지 걷어 올리고
첨벙첨벙 썰물 배웅 나갔다

맨손으로 마주 잡는
미끄럽고도 차가운 악수

비록 코다리 밑 뿌리까지
파고들 수는 없어도
무릎 바짓단을
소금물에 절인 것조차 반갑다

반갑고 반갑다고 허리 굽혀
눈을 떼지 못하는 애착

밀물이 마중 나온 줄 착각한다는
봄바람의 질투에
그만, 억지 손을 놓고 만다

미역

세상은 시류에 흔들리지 않는 삶을 살자고 한다 대쪽 같은 성품에 변하지 않는 인품을 만들어라 한다 일가를 이루고 사람들이 칭송하는 잘 산 사람이 되라고 한다

그러나
미역은 흔들리는 삶이 좋아
돌 틈 어느 구석에 뿌리가 박힌 채로
온몸을 맡기고도 즐겁다

파도가 잔잔하면 잔잔한 대로 즐기고
화가 나면 화난 대로 흔들린다

전갱이가 오면 쉼터가 되고 성게가 찌르면 피하고
따개비가 소리 지르면 웃으면 된다

필요하면 해류에 포자를 퍼뜨리고
조류가 흔드는 대로 저으며 산다

아귀들의 합창

볕 좋은 물양장
시멘트 부두 위 교수대에는
해풍에 몸을 삭이며 아가리 벌린 채
마지막을 장식할 노래를 위해
몸단장에 여념 없다

줄줄이 매달린 것도 모자라
꼬챙이 가로로 힘껏 끼워 절대 화음을 맞춘다
바람에 맞춰 억지 리듬으로 몸을 흔들며
찰랑이는 바다를 노래하고 있다

바람은 아가리로 들어와
아가미로 빠져도
아가리보다 좁은 속 다 빼낸 뱃속 깊숙이
내려갔다 올라오기를 반복하며
꼬리 아래 부두 끝자락에서
끝없이 바다로 추락하고 있다

볕 좋고 바람 잦을수록 서걱이는 소리는 맑아
서로의 몸을 부대끼며
수평선만 바라볼 수밖에 없어
아가리 벌리고 뱃속까지 다 까발린 채로
바다 깊은 소리까지 뻣뻣하게
으르렁거리고 있다

물고기 비늘

파도를 닮았다
끝없이 밀려오는 파도를 닮아야
바다에 살 자격이 있다

잔잔한 파도 아래서는
작고 가지런하게 춤을 추고
너울 파도 깊은 바다에는
희번덕이는 고기가 된다

파도가 화를 내도
참을성 있게 참을 줄 알고
산호초에 살아도
멋으로만 살지 않았다

빨강, 노랑 염색하고 나들이 때도
파도에 맞게 옷을 입고
파도와 함께 넘실댈 줄 안다

4부

바다의 역사

부표浮標

등대처럼 반짝이는 주인공이 아닐지라도
수평선 너머 살아있음을 알리는 파수꾼이다
파도가 만든 골짜기와 고갯마루를
하루에도 수백 번 오르내리며
떠나는 그대의 앞길이 꽃길이기만을
끝없이 염원하는 짝사랑의 기도

갈매기가 잠시 쉬어가도 좋고
정 못 붙인 따개비가 와도 한눈팔지 않고
바람이 쇠사슬 끊고 도망가자 유혹을 해도
흔들릴지언정 변하지 않는 사랑
미움이 삶을 송두리째 물속으로 끌어당겨도
혼자서 자맥질을 배운다

실연을 당하고 수백 번 짠 물만 마셔도
단 한 번의 눈길을 위해
말 못 할 서러움으로 눈물만 흘리지만
스크루 뒷물살의 소용돌이에
온몸으로 연기하는 춤꾼이 되어
새로운 인연을 향해 보내는 눈짓
필요하면 조류에 포자를 퍼뜨리고
조류가 이끄는 대로 흔들면서 산다

동해선

파도는
강릉 가는 기차표를 끊지 않는다

하얀 물거품 물고서
장날마다 보따리가 먼저인 상인과
도시로 유학 다녔던
지난날을 회상하는 중년 신사의
해안선보다 긴 이야기를 실은
동해선을 향해
열렬히 몸을 던지며 환영할 뿐

갯바위에 다다른 파도는
함께한 지난 이야기를 위해
찬란히 부서지는 것도 마다하지 않는다

떠나는 동해선 기차를
굳이 쫓지 않는 것이 파도의 법칙

해풍을 등에 업고 춤을 추면 된다
한 명이라도 고개 돌리는 승객을 위해
그저 하얀 거품의 춤사위를 만들 뿐

갯내를 흠뻑 뒤집어쓴 기차가
기적으로 답할 때까지
아침 햇살을 무대 조명등 삼아
쪽빛 치마에 하얀 블라우스를 일렁이며
휘젓는 왈츠는 멈출 수가 없다

한 줄이 되지 않는 삶

스스로 부서지는 것은
동해선을 향한 짝사랑의 표현이지만
덜컹거리는 객차와 함께
승객의 어깨가 들썩이고
기차마저 선로를 따라 스텝을 밟는 터

굴곡진 해안선에서 귀엣말로 속삭이면
동해선은 팔뚝 걷은 아이처럼 첨벙대며
바다와 땅의 경계를 달린다

등대 사이렌

해무가 밧줄도 없이
밤새 해안절벽을 기어올라
세상을 하얗게 덮어버릴 기세일 때도
눈 하나 깜빡이지 않고
벼랑 끝에서 다듬는 목청
핏대를 세워 내뱉는 소리는
보이지 않는 수평선을 향한 아우성

밤에는 제 눈을 밝혀
바다의 주름 하나하나까지 살피더니
해무가 끼면 무대에 선 채
바다로 이어진 객석을 향하여
목청을 다듬는 소리꾼이 된다

온 힘을 배에 실어
작은 몸짓 큰 목소리로
세상을 향한 존재의 몸부림
지친 갈매기에게 안부를 묻고
절벽의 끝자락에서
부르다 지쳐 망부석이 될지언정

아무리 작은 배라도
자신이 가야 할 길을 찾을 수 있게
바다의 길에서 그저 바다로 가라고
짧고 강한 목소리, 추임새 그리고
바다를 향한 긴 여운
그 끝자락에서 득음의 경지에 오른다

서생 이길봉수대西生 爾吉烽燧坮

장작에 연기가 묻어 봉홧불이 되고
동해 푸른 바닷물을 마셔 전설로 남았다

하늘로 풀어 헤쳐진 시멘트 포장길에는
봉수군 대신 진돗개와
CCTV가 보초를 선
바다가 훤히 내려다보이는 카페와
파도를 닮은 지붕이 모여
일렬종대로 열병식을 하고 있다

오랫동안 패여 잡초와 사투를 벌이고
신우대가 해발 121m에서
멀뚱하니 해풍에 잎만 파닥이는 산길

터벅터벅 돌아보니 동해바다
발목까지 따라와 눈을 마주한다

평상시에는 한 홰炬, 적이 수평선에 보이면 두 홰,
적이 해안으로 접근하면 세 홰, 적이 가까이 오면 네
홰, 적과 교전하면 다섯 홰의 레이다 기지

아이阿爾봉수대에서 하산下山봉수대로
이어주지 못한 것이 한이 되었는지
둥글게 쌓은 석축은
비바람에 고개 숙인 지 오래다

동해를 굽어보는 위치에 있으면서도
제 역할을 다하지 못했다는 자책이
스스로 옥죄는 존재가 되었는데

역사 앞에 선 자는 말이 없어
단지, 꼭대기 돌 틈 하얀 민들레
간절곶 해풍에 고개를 좌우로 흔들고 있다

메르카토르 도법

해지지 않는 그래서 더 배고픈 사각의 경도와 위도
극으로 갈수록 덩치 큰 곰이
허연 이빨을 드러내고 틀에 맞추라 강요한다

과장의 몸집이 거추장스러운 줄 알아도
평생 내려다보며 살아서
아프리카쯤은 발아래
썼다 지웠다
지우개와 연필 하나면
대서양을 달에 옮기는 건 일도 아니다

그리니치에서 출발한 먹물이
남북으로 길게 뻗어
사하라에는 표시 없는 국경이 생겼다

사각의 틀 안에서는
누구나 평등한 크기와 똑같은 면적을 가질
자격이 주어진다는
선의 항로를 따라
착시 현상은 북회귀선를 통과한다

적도는 말없이 웅크리고 앉아
해류
말라리아
노예무역선
그리고 타잔도
같은 틀 속에 있다는 것을 보고만 있다

비정상으로 살더라도
큰 틀에서 사는 게 효율이고 정상이다
평등한 위도와 경도의 틀은
항로에 이어 마음도 사로잡았다

부산공동어시장

아버지가 들고 오시는 고등어 한 손은 펄떡펄떡 뛸 듯해요 도매상으로 넘어가기 직전 탈출한 놈이거든요 눈깔 시퍼런 게 성질깨나 급한 놈으로 보였어요 아버지는 반대였죠 축 처진 어깨와 손톱 밑 비린내에 힘을 다 빼앗겼죠 저녁 밥상까지 올라왔어요 비누로 억지 문대어도 직업을 속일 수는 없나 봐요 고등어 한 손은 우리 가족 저녁 반찬인데 정작 아버지는 김치만 찾았죠 허옇게 익은 눈깔 먹겠다고 젓가락 다투던 1979년, 경매사는 고등어만 아는 수어로 바다를 다 불러들이고 있었죠

수정동 산복도로

아랫방 아저씨는 담배가 낙이었다 미깡* 밀수하다 적발돼 뭍에 내리고는 하는 일이 담배였다 구치소에서 빼내 온 사람은 만삭인 아줌마였다 나는 얻어먹은 깡통 속 부드러운 밀감보다 이 세상을 만드는 바다가 부러웠다 공범이 되고 싶었다 덕분에 아랫방 아저씨를 매일 볼 수 있었다 우리는 선실보다 작은 평상에 나란히 앉았다 수정동 산복도로 아래로 바다를 바라보곤 했다 그 아들 혹 배를 타지는 않을까 깡통보다 더 맛난 열대과일 주스 한잔 사 줄 수 있을 것 같은데, 우연히 지난 망양 산복도로, 드물게, 해무가 잔뜩 끼었다

* 귤의 방언, 일본 밀감 넥타

봉래산 꼭대기에서

부산, 하고도 영도 봉래산 꼭대기에는
고갈산 할망도 죽은 지 오래

정상이 안 보이는 뭍에 이사 가야 잘 산다는
친구도 보이지 않아
그저 북항, 남항 한눈에 집어넣고
대마도까지 먼 눈길만 주었다

지금은 공동어시장이 된 연락선 부두에
아버지는 오카야마에서 열두 해를 달려 하선하셨고
영도다리 도개 장면이 손에 잡힐 듯
희미하게 자리 잡은 기억 너머

일 부두 앞 부산역 철로를 따라
맨발에 청도까지 걸어 비로소 해방된
개인 역사의 한 자락을 봉래산은 보았을 것이다

오륙도보다 해운대 높은 빌딩에
눈이 더 가는 등산객 사이로
항구에서 올라온 바람이
등줄기 식은땀까지 훔치고 있다

영도다리와 시내버스

영도다리 앞 시내버스 정류소, 안내는 전광판, 오후 2시의 도개 사이렌, 버스는 송도 끄트머리에서 짠내를 손님으로 가득 태워 왔다 요금을 찍는 순간 충무동 지나 자갈치 가득 비린내가 환승을 알린다 버스는 다리 앞에서 일순간 숨을 멈추고 추억을 재현한다며 들어 올린 다리의 손짓을 전달한다 앨범 속 아버지의 배경 사진과 닮았다 태종대 간다는 가족과 러시아 선원까지 세월이 흐른 다리를 알아보았다 섬과 육지 사이의 끈이라는 사실을 아는 순간 앞자리 승객은 기억의 끄트머리를 이어 손뜨개를 펼친다 버스는 미니스커트 입은 다리 앞에선 잠시 안내 방송을 접고 섬으로 들어가는 끈을 찾고 있다 파도가 펄떡이고 아득히 오륙도가 손 흔드는 연락선을 떠올렸다 도개 사이렌과 함께 시내버스는 손뜨개 줄을 잡아당기고 있다

방파제 풍경

작은 어항의 나들목에는
낚시꾼이 통행세를 받고 있다
그저 매운탕거리 몇 마리면 충분한데
찌는 관심이 없고
어선이 만든 파도 사이로 서핑을 즐긴다

방파제 명당자리를 웃돈 주고
자리한 고양이마저
평일에 몰려든 낚시꾼에게 밀려나고

남극해에서 포로로 잡아 온
크릴새우를 밑밥으로 던져도
바닷속 고기는 시큰둥한 반응이다

낚싯대는 테트라포드* 위에서 일찌감치
죽치고 앉았다
컵라면 한 입으로 점심을 때우고
낚싯대 허리 부러질 정도로 크게 휘는
요가 수행자를 꿈꾼다

찌가 드디어 밑으로 자맥질하면
땅과 바다를 연결한
낚싯대 외줄을 잡고 짠물 마시며
발버둥 치는 자신을 발견한다

어느 녀석이
미끼를 채갔든 물었든 상관없다
기다림의 끝에서
파도에 뛰어드는 햇살만 있으면 방파제일 뿐

* tetrapod 방파제 또는 방조제의 침식을 방지하기 위해 사용하는 다리 네 개 달린 콘크리트 블록

해안 초소

밤이 살아있음을 직감한다
TOD* 영상은 수면을 제비처럼 날아
수평선 끝까지 바다를 훑는다

깃발 없는 해안 고지
별이 쏟아져 내려와 점령할 때쯤
빛나는 어둠이 시작된다

파도는 흰 이빨로
절벽을 기어오르려 하지만
탐조등 아래서 숨을 죽인다

간혹 군견軍犬 신호음이
해안 절벽을 따라
굴절되어 민가까지 전달된다

해안 파출소 혹은 면사무소 당직실에는
밤잠 설치는
민원 전화가 꺼지지 않는다

그날 마지막 근무자가 쓴
메모 하나만 바람에 떠밀려 해안에서
TOD 영상에 잡혔을 뿐이다

* 열상감시장비(TOD, Thermal Observation Device)

항구의 등대

방파제
제일 끝 선에 서서
항구를 출입하는 모든 선박에
질서 있는
운항을 지휘하고
폭풍우에 파도의
경계가 허물어져도
한 발짝 물러서는 것은
양심과 임무의 문제
눈 감는 법이 없다

밤에는
불빛 하나로 선박의 안전을
낮에는
빨강, 하양 얼굴색을 바꾸며
항구의 경찰을 자처하며
신호를 거역하는 자에게는
엄중한 파도의 경고와
때로는 무언의 눈빛으로

출입을 통제하면서도
방파제를 찾는 관광객이
볼펜 자국으로 간지럽혀도
싫어하는 티를 내는 법이 없다

바람 부는 해안

파도 이랑이 하얗게 질려
방파제를 향해 뛴다

겨울의 끝자락은
갯바위에 잠시 기대는 것조차
허락하지 않는다

하늘과 바다의 빛깔이
접점을 찾지 못해
수평선에서부터 헤매는 순간에도
숨을 펄떡인다

바람의 입김이 세질수록
방파제 너머 높이 뛸 자세다

돌미역
항구 안쪽으로 밀려와
오들오들 떨고 있다

대한해협에서

원자폭탄이 뭔지도 모를 소문에 보따리 사서 바다를 건넜다 아버지는 신발 하나 주울 겨를 없이 시모노세키발 부산행에 몸을 띄웠다 나는 부산발 시모노세키행 1등실에 신발과 나란히 누웠다 스크루에 몸을 맡기고 아버지가 보았을 반세기가 지난 바다를 지나고 있었다 쪽바리와 조센징 사이 해협 어디쯤이다 해류에 흔들리고 있는 아버지가 보였다 나는 어느새 상갑판 난간을 잡고 서 있었다 동해로 흐르는 해류에 흔들리지 않기 위해 손아귀에 힘을 주었다 내가 할 수 있는 유일한 몸짓이었다

5부
바다와 꿈

동짓달 밤

여름내 냉동고에 살던 동짓달 밤이
마실 나왔다

파도가 내는 흰 거품을
해안 산책길 삼아
모래사장 혹은 미역이 뿌리 내린 곳까지
겨울바람을 데리고
나왔다

초승달이 반기고 금성이 살갑게 아는 체한다
몇몇 해안 가로등이 존재감을 뽐내며
더 밝게 성깔 부릴 때쯤

간절곶 등대는 바다 맨 앞에서
200척 집어등은 수평선에서

해안선보다 긴 지난 세기의 이야기부터
뜨개질실에 걸고 한코 한코 회포를 풀
밤마실 나왔다

푸른 고래의 꿈

작은 항구
어선은 부두에서 포박된 채로
파도에 몸을 비비고 있었다

점심이 오래되지 않아서인지
걷기만 할 뿐 말이 없었다
말보다 하얀 파도가
먼저 밀려오고 있었다

그대의 눈을 언뜻 바라보면
물을 뿜어대는
푸른 고래 한 마리
눈동자 안에서 깜빡이고
3만 톤 벌크선이 뒤를 이어
수평선을 쫓는다

항구가 보이는 카페
뜨거운 커피가 식을 때까지
우리는 말없이 통유리 너머
들리지도 않는 하얀 파도 소리를
마음껏 듣고 있었다

보이지 않는
푸른 고래의 마음까지

해무海霧

달빛마저 서생포 바닷물에
촉촉하게 젖어 있습니다

아이들이 없는 운동장에서
축구도 하고
농구도 하고
달리기도 하며
낮에 놀던 흔적을 따라
짭조름한 입자들이
땀 흘리며 놀고 있습니다

교정에는
졸업한 학생들까지 모여
언니, 동생 부르고
서로 뭉쳐 다니며
건물 전체를 덮었습니다

선생님,
미역 냄새가 막 올라와요
집에서 양식장을 하는, 별명이

코다리인 녀석이
뛰어가고
배밭에 소금기가 끼면
서생배가 달아요
얼굴이 둥근
동글이인 녀석이 같이 뛰어가면
금방 달그림자도 함께 사라집니다

한여름 밤 학교 운동장에는
섭씨 10도의 밤공기가 맴돕니다

귀신고래의 노래

숙소 너머 창문 밖
허물없이 바람이 넘나든다
눈치는 게 몫이다

파도는 바람 따라왔다가
해안에서
부끄러워 못 들어오고
쭉치고 주춤거린다

손짓도 지쳐 불 끄면
창문 밖 하얀 거품 물고
힘차게 우는 귀신고래의 노래

파도는 어둠 속 눈물 감추고
한 발 들였다가
물러서기를 반복하며
꿈결 주변에서 맴돈다

바다 시화전詩畫展

바다를 붓질하고 주무른 상태에서
눈금 시계로 시간 멈춤 해
액자로 반듯하게 잘라 유리 속에 담았다

바닷물 속에서 시가 불쑥 나와
벽면 옆자리에 앉아
짠물 튕기며 해설할 자세다

액자 속 색깔 입힌 파도 곳곳은
붓길 따라 시어 한두 마디씩
흘리고 다닌 흔적이 또렷하다

시에서는 바다 냄새가 난다
짙푸른 바다를 온몸으로 담은
사랑의 노래가 액자 속에서 아우성이다

점심나절에

점심나절,
짧은 시간 동안 걸은 횟수보다
많은 말을 흘리며
바닷가를 걸었지

먹고 사는 일이
해안을 산책할 수 있는
특권만큼만 있어도
잠시,

눈을 찡그려도
윤슬은 봐주는 법이 없어
웃기만 했는데

발길 돌려 바람 따라
갯내,
책상에 먼저 와 앉아 있었지

바다 향수병

항해사는 뭍에서 머리가 아프고
사람 사이에 서면 속이 울렁인단다

그 사람 키 놓은 지 10년인데
지독한 바다 향수병은 몸이 먼저 앓는다

바다와 등지겠다더니
건물 외벽 파란 마감재 너머

왜 바다가 2층 눈높이까지 차올라 있는지
머리 싸매고도 그리워할 일이다

붉은 달

아리조나주 모뉴먼트 밸리* 나바호족이
태평양 건너
인디언 붉은 감자를 던졌다

간절곶 머리 꼭대기에서
타박하면서도 찰진 속살이
파도를 유혹하는 밤

구름과 해무가 결혼한 틈으로
벚꽃잎 하나
바라보다 바라보다가

삽살개 코 고는 소리 1dB
허공으로 흩어지면
붉은 울음 터트린다

* Monument Valley 서부극 '역마차'의 배경 무대.

필리핀 망고

필리핀 세부에서 망고만 먹었죠 호텔 식당 지배인이 직접 서비스할 정도였으니까요 위장에 실컷 넣어 한국 와서 하나씩 곱씹으며 뜨거웠던 세부를 기억하려 했죠 세콤 달콤한 과즙을 미끄러지듯 씹으며 망고의 노란 그리고 이국적인 정취를 사랑하려 했죠 호핑투어 때 본 산호초도 꺼내고 무인도에서의 식사, 그 노란 줄무늬 열대어까지, 꺼내도 꺼내도 끝없이 뜨거운 해변과 짙푸른 태평양을 한 그물에 엮으려 했죠 그물에서 발버둥 치는 망고를 보며 야자수 아래서 해변의 아이들과 축구공 차며 석양 속에 파묻히던 그때를 되새김하려 했죠 그렇게 필리핀 망고를 먹어댔죠

가베 술라웨시

한때는 꿈을 꾸었다
'가베 술라웨시' 간판을 달고 카페를 차리는 것

현지 바리스타와
수마트라, 자바, 보르네오, 서 이리안, 롬복, 발리,
티모르, 술라웨시, 할마헤라 등
수없이 많은 섬에서 태어나고 자란
직수입한 커피콩으로
자바해 물씬 풍기는 카페를 이름 지었었다

비록 북회귀선 근처도 못 가서
좌초된 꿈이었지만
꿈이었기에 행복한 사업이었다

이제는 이름도 가물가물한 자카르타 카페에서 마신
커피를 떠올리며
왜 술라웨시가 아니면 안 되었는지
큰다리* 앞바다를 머금은 커피인지
'가베 술라웨시'를 되뇐다

* Kendari 인도네시아 술라웨시섬 퉁가라 주의 주도

어젯밤

어젯밤, 밤하늘은 아무도 가보지 않았고
본 적이 없어 말할 수 없었기에
턱을 높이 세우고 입을 다물 수가 없었지

고개가 조금 아팠지만
목성과 토성을 확인하고는
우주의 기운이라도 받은 듯이
두 팔을 넓게 벌리고 잠시 눈을 감았었지

고흐가 본 밤의 카페테라스에서 차도 한잔하고
내 어릴 적 평상에서 수박 먹고
자면서 본 은하수를 떠올리며,

물병자리 위 목성을 또 누가 보고 있을까
어젯밤, 술은 친구가 먹고
내가 취해 푸른 고래 잡으러 간다며
밤하늘 에이허브 선장을 불렀었지

산 미구엘*

싱그운 자식
가볍게 잡는 것이 문제가 아니라
잡힐 것 같지 않은
젊은 날의 이야기를
목 짧은 녀석과
밤을 보냈다는 것이 최악이었다

밥 한 숟가락에 꾹꾹 눌러
한입 틀어넣으면
딱 일 것 같은 놈과 함께
때로는 허풍 가득 잔에 담고
심각하지 않은 이야기를
고래처럼 하곤 했다

입에서 얼마나 많은 거품이 나와야
이야기가 가라앉을지
아무도 모르는 청춘을
바닥에 세워놓고
새로운 신화를 써 내려간 그날

따갈로그 말 모른다며
세부 술집에서
목청 높여 노래로 응수했다
그 싱거운 자식과 함께

* 필리핀 맥주

방콕 재회

부산에서 방콕은 비행기로 5시간 날고도
먼 곳

구름이
태평양, 남중국해가 되고
어선이 되었다가
비로소 밀림을 지나
도착한 곳

수완나품 공항에서 재회의 기쁨은 1년 하고도
긴 시간

유학 간 아이는
푸른 고래도 잘 시간에 마중을 나와
억지웃음으로 눈물 감추려
애쓴 흔적인 채로
마주한 시간

물수제비

춤사위는
백조의 호수에 파문을 일으키며
화려한 날갯짓으로
무대를 빛낼 주인공으로 등장한다

치맛자락 찰랑이는 백조의
우아한 모습에 반해
지구를 돌릴 자세로 보란 듯이
흔적을 남기는 조약돌

손끝에서 떠나는 순간부터
온 힘을 다 쏟아
악마의 유혹에도 가라앉지 않고
호수 건너편에 도달할 날갯짓을 하더니

피날레를 위해
왈츠 선율에 몸을 맡기고
토슈즈 자국을 남기며
파문을 잠재우는 백조가 되었다

| 평론 |

삶과 결합한 바다, 조화로운 공간 세계를 구축하다

박미정 | 평론가 · 문학박사

공간에 대한 시인의 의식은 세계 속에서 자아를 형성하는 기본적인 틀이 되고 또한 시적 감성과 상상력은 삶의 공간에서부터 시작된다. 가스통 바슐라르는 시적 공간은 미적 가치와 내면 의식이 포함되었기 때문에 팽창의 가치를 얻는다고 말한다.

시적 공간은 시인의 개인적 경험에 의해 이루어지며 단순한 배경 묘사나 재현의 수단에만 그치는 것이 아니라 상징성을 띠며 자기의식에 지배되는 정신적 공간으로 가시화된다. 그중에서 바다라는 공간은 모든 생명의 원형이자 그것들의 변화를 가장 잘 담고 있는 공간이다. 그리고 시의 공간은 문학과 현실의 상호 관련 속에서 나타나는 구체적인 대상과 사물을 통해서 나타난다.

이종무 시인이 해양 시집 『바다 골짜기』를 발간했다. 시인의 말에서 동해 바람 다 들어오라는 말을 따라가 보면 공간에 대한 시인의 상상력은 현실 세계와 작품상의 공간을 연계하여 경험 공간에 대한 시인의 자각을 반영하는 것을 볼 수 있다. 현실을 수용하면서도 현실 외의 또 다른 세계를 빌려 시적 사유가 모여드는 공간으로 확보하여 독자적인 영역으로 부각시키고 있다.

바다 골짜기란 적극적인 참여에 의한 다양한 체험의 축적이며 바다 공간의 다층적인 변화를 주도한다는 점에서 적극적인 의미를 획득한다. 다음 시 「바다를 들어 올린 남자」를 통해 시적 분위기는 평범한 서민의 삶을 표현한 것 같지만 바다 골짜기에서 시작되는 공간의 다 변화를 예고하고 있다.

부두의 하역이라는 것이 캔트리크레인 하나면
5만 톤 컨테이너선도 집어 들어 올릴 참인데
쇠줄은 하역 노동자의 손을 거쳐야만
비로소 완성이다

갑판에서 날린 무전이
고정줄을 타고 부두에 안착하면
골리앗이 부러워할
무인 원격 조종 트랜스퍼의 손에 침을 바르며
붉은 목장갑을 깍지 낀다
목에 두른 수건조차
힘겨워 땀을 흘리는 갑판은
배와 바다의 질긴 공생의 공간

하역을 마무리할 때까지는
갈라진 손바닥을 보여줄 틈이 없어
긴장은 항구에서 숨을 죽인다

갈매기 날갯짓이 저녁놀을 부르고
엔진실 굴뚝 연기가 어둠에 몸을 숨길 때

부두에서 날린 무전이 다시 고정줄을 타고
갑판에 오르는 순간,
붉은 목장갑 속 힘줄이
쇠줄을 잡으려
항구에서 시퍼렇게 출렁인다

—「항구와 노동」 전문

이 시에서 '노동'은 자아를 상징하는 육체 이미지이다. 이 시에서 제시되는 '손'은 노동을 완성시키는 노동의 본질이며 '항구'는 시적 주체가 놓여 있는 상황과 그에 대한 인식이 시의 테마가 되고 있는 공간을 집약적으로 드러내고 있다.

1연에서 '손'은 개방적 공간에서 외부 세계의 억압을 소멸시키는 통쾌함을 상기하게 한다. 5만 톤 컨테이너선을 조절하는 쇠줄이 있지만 그 쇠줄을 조절하는 존재로서 정체성이 명확하여 내밀한 자기만의 공간에 대한 욕망으로 이어진다.

2연에서 '손'은 골리앗이 부러워할 무인 원격 조종 트랜스퍼의 손이다. 하지만 "손에 침을 바르며"라는 불안한 개인이 소속되어 있는 불안한 자아에 대한 좁은 한정된 공간이다. 붉은 목장갑을 깍지 끼는 손은 트랜스퍼의 경험으로서 불안과 긴장을 해소하고자 하는 실존적 위기의식에 다름 아니다.

3연에서 '손'은 자연과 삶의 공생의 공간이 되지 않으면 안 되는 위기의식으로 인해 불안한 내면을 형상화하여 보이지 않는다. 그러나 "힘겨워 땀을 흘리는 갑판"이라는 방식으로 표현되는 것도 주목을 요하는 부분이다.

4연에서 '손'은 "갈라진 손바닥을 보여줄 틈이 없"는 혹한의 노동을 치르고 있으며 시적 주체는 '긴장'이라는 단어를 직접적으로 제시하고 있다. 이 같은 시적 주체의 긴장은 "숨을 죽인다"에서 항구에 놓인 불안한 분위기를 형성하고 있으며, 불안을 극대화시키는 커다란 의미를 갖는다.

5연에서 시적 주체는 시간을 짐작케 하는 공간을 형성하며 긴장을 완화하고자 하여 '갈매기의 날갯짓-저녁놀-연기'로서 안정된 풍경을 묘사하였다. 그러나 '어둠'이라는 불길한 대상은 실체가 분명히 보이지 않음으로써 긴장감을 불러일으킨다.

6연에서 '손'은 결과적으로 "붉은 목장갑 속 힘줄이/ 쇠줄을 잡으려/ 항구에서 시퍼렇게 출렁"이는 현존재가 되어 내면의 상태를 절실하게 드러낸다. 항구에서 일어나는 노동은 손과 결부되어 위축되는 자아의 내면을 공고히 하여 자아정체성을 확립하고 있으며, 궁극적으로 노동을 의미화하고 있다.

"배관 용접 기술자로/ 흘수선 아래로/ 먹장어처럼 30년을/ 팔꿈치로 기어 다녔다"(「별명이 먹장어인 친구」 일부)에서 '먹장어'는 팔꿈치로 기어 다니며 용접한 기술자의 고난의 생이 외부로 전달된 것이다. 상처와 고통의 인식이 별명이 된 진술이라 가볍지 않다. "그녀의 일터는/ 목덜미 가리는 챙 넓은 모자와/ 가슴까지 올린 노란 해루질 장화/ 무릎 아프면 언제든지 재택근무 보장에/ 썰물 때 출근하고 밀물 때/ 정시퇴근하는 갯벌이다"(「그녀의 갯벌」 일부)에서 '보장'은 단순한 보장이 아니다. 아이러니라고 할 수 있다. 재택근무를 함으로써 무임금을 보장 받는다는 비극적 감성으로 이어진다. 이처럼 시인의 의도가 노동에 집중되어 있는 것 휴머니티를 구하고 있는 것이라 여겨진다.

항구의 냄새가 뒷골목을 기웃거린다 중앙동 해운 선사 밀집 거리까지 차용우식 참치 대신 소 곱창구이집까시 쫒아온 걸, 식당 주인은 치우다 만 탁자에 소금기 축축한 바다를 폈다 첫 안주는 헬기에서 두 번 떨어진 이야기, 태평양에서 빨래한 셔츠로 시작해 적도 무풍지대 지나 월리월리 추가는 신화가 되었다 늙은 종업원에게 팀을 꽂으며 '라떼'를 연거푸들이켰다 바다를 홀대하면 파도가 성을 낸다며 참치 눈물을 담은 잔을 굳이 목을 꺾어 마셨다 태평

양을 통째로 담아 눈높이까지 들어 올리고 있었다
배는 떠나고 항구의 냄새가 전해지는 밤, 술잔은 높
아도 바다는 결코 꺾어지는 법이 없다

— 「바다를 들어 올린 남자」 전문

「바다를 들어 올린 남자」의 시적 공간은 항구의 냄새가 있는 '식당'이다. 이 공간에는 '바다', '이야기', '라떼' 따위가 안주가 되어 술잔을 꺾어 드는 분위기가 리얼하게 표출되었다. 이것은 태평양을 통째로 들어 올리는 행위로 연계되면서 술잔은 높아도 바다는 결코 꺾어지는 법이 없다는 자아의 모습을 선명하게 표상하고 있다. "최초의 해는/ 바다와 하늘이 이불을 개고/ 미역 양식장 작업선이/ 부이줄 잡는/ 찰나의 순간에// 수평선을 팽팽하게 잡아당기며/ 눈싸움을 한다"(「인상 21-해돋이」 일부)는 '이불을 개고'에서 하나의 전환을 의미하며, "부이줄 잡는" 현상학은 '나'와 '사물'과의 관계 속의 '나'를 보장하는 것이라 생각된다. 문면에 드러나는 '눈싸움'은 압도적인 외부를 극복하는 모습을 부각한다. "창문 안에 들어온 낮는 햇살은/ 킬로만자로 눈을 녹이더니/ 나일강의 지류로 변해/ 사하라를 적시러 가고/ 맨발로 밟던/ 스핑크스의 발톱을 간질이는 시각"(「일출」 일부)으로 이어지며 시인이 견지하고 있는 것은 지상의 시간에 대한 경험적 인식과 무연하지 않다. 무엇보다 빛의 세계에 의해 장소에서 일어나는 변화를 선명하게 다룸으로써

'일출'은 진실한 표상으로 전해지고 있다.

시인은 다음 시 「바다, 한 생각」에서 진실한 교감의 지평을 지향하며 바다와 의미 영역을 공유하려 한다.

바다는 그리움이 많아
수평선에서 배가 오고 가고
귀신고래가 분수를 뿜으며 춤추고
등대가 손짓하며 윙크하고
그것도 모자라
갈매기가 목놓아 울면
텅 빈 마음마저 갈피를 잡을 수 없어
파도에 이리저리 밀려
물속으로 숨바꼭질하는 공간

품 안에 든 게 많아서
일일이 챙기지 못해
바라보는 곳이 다 그리움인지 몰라도
그 속에 안기고 싶은
그리움이 넘실대는 공간

밋밋하게 있으면 재미가 없어
이별의 눈물도 닦고
미역 따는 노동의 땀도 보태
파도를 섞고 마음에 안 들면

유화에 유화를 덧칠해

구성이 마음을 붙잡을 때까지
푸른 고래 한 마리
살짝 던져두고 싶은 공간

—「바다, 한 생각」 전문

이 시에서 고정적 공간적 배경 '바다'가 존재한다. 현실적 바다는 '그리움'을 전유하고 있어 다소 낭만적이면서 그리움의 조건이나 현실 재현적인 성격을 강하게 지니는 것이라고 말할 수 있다. 물론 바다를 대신 한 시인의 생각이라 할지라도 공간의 층위를 시시각각 분절하면서 드러내는 상징적 그리움은 자유로울 수밖에 없다. "윤슬이/ 창문을 넘어와/ 눈꺼풀 간질이는 동해의/ 푸르름이여!"(「우아, 바다다」 일부)에서 '푸르름'이라고 선언하는 것은 자각이며, 전반에 걸친 바다 공간 이미지에 대한 시적 경사傾斜는 그리움에서 유출되는 반가움을 드러내는 시적 과정이 아닌가 한다. "파도치는 바다에 반해/ 영원히 그의 품속에 빠졌다// 뺨을 후려갈기는/ 태풍을 달고 와 안길지언정/ 넘실대는 사랑을 주체하지 못해// 바닷물이 말라/ 물거품 꺼질 때까지/ 파도의 개성 넘치는/ 조각품이 되기로 결심했나 보다"(「갯바위」 일부)에서 '갯바위'는 시각적인 병치를 사용하여 궁극적으로 사랑미학을 서술하고 있다. 공간이동은 없으나 주변의 영향으로 사랑을 되살리는 데서 끈질긴 사랑과 연관된다. 이러한 사랑의 재현은 "게다가 초승달이 수면에 뜨면/ 마음도 너울이 되어/ 창문을 열어놓을 수 없답니다// 밤마다 들려오는 세레나데는/ 이불 덮어쓴 눈동자를/ 까만 밤하늘 별로 만듭니다"(「당물길」 일부)에서 "마음도 너울이 되어"라고 하여 사랑을 환기하려는 충동이 재현되기도 하여 눈동자를 별로 만드는 비약적인 발상을 유발한다. 이러한 발상은 시적 긴장(poetic tention)의 공간을 확대하는 것이다.

달빛이 파도 어깨를 타고
춤추며 일렁인다

200촉 집어등을 밝힌
오징어 채낚기 어선이
마지막 낚싯줄을 당기는 시점까지
땀방울 튕기는 먹물 위

어부의 눌러쓴 모자와
꾹 다문 입가에
잠시 머문 흔적만 남기고
갑판과
마스트를 오가며
비릿한 냄새를 흘리더니

어느새 파도와 함께
귀엣말을 속삭이고 있다

500톤의 몸집을 자랑하는
오징어잡이 배가
만선에 취해 파도 어깨를 잡고
달빛에 몸을 맡기고 있다

—「풍어豊漁」 전문

이 시에서 시인의 의도가 '풍어'에 집중되고 있음을 알기는 어렵다. 아마 "파도와 함께 귀엣말을 속삭이고 있다"를 구성하는 내용들일 것이다. 그런데 이 시에는 풍어를 감지하게 하는 감정 양식을 드러내지 않은 것을 특징으로 삼는다. "마지막 낚싯줄을 당기는 시점까지"는 극명한 대립을 이끌면서 동시에 바다란 원초적 공간으로서의 힘찬 생명력으로 충만케 만든다. 시인만의 개성으로 창출된 시의 형식이다. "만선에 취해 파도 어깨를 잡고/ 달빛에 몸을 맡기고 있다"에서 '만선'에 취한 내밀한 공간에서 풍어의 정의를 펼치려는 순간 달빛에 몸을 맡기는 서정은 보편적 상상력에 의한 것이 아니라 구체적인 현실적 조건에 상응하는 것이다. 이는 다음 시에서 연결된다. "누군가는 잡아야 살고/ 또 누군가는 잡혀야 하는/ 삶의 조명이/ 파도 끝 은빛 비늘이 되어 일렁인다"(「집어등集魚燈」 일부)에서 치열한 존재 확보의 욕망을 담고 있으면서 능동적인 존립 방식을 형상화하고 있다. 이것은 이질적인 두 타자가 '파도 끝 은빛 바늘'이 되는 것에 동의하는 격이지만, 강제적이지 않고 현실적이라는 사실이다. "바위에 붙어 바위와 살고/ 파도 속에서 모진 세상을 배웠다"(「게」 일부)에서 외부의 공간과의 긴밀한 결탁은 의구심을 불어넣는 것이 아니라, 생명성과 관련되어 있다. "세상은 시류에 흔들리지 않는 삶을 살자고 한다. 대쪽 같은 성품에 변하지 않는 인품을 만들어라 한다. 일가를 이루고 사람들이 칭송하는 잘 산 사람이 되라고 한다."(「미역」 일부)에서 또한 대상을 실재적인 현실을 삼고 있으며, 긍정적인 관계성을 유도하여 주체와 객체가 절대적인 통일성의 지점에 도달하고자 하는 욕망을 보인다.

미역을 물에 풀면
소금기를 제하고도
양손 가득한 물기

쇠고기 참기름에 볶다가
정성을 담아 넣으면
따로 또 없는 영혼의 동반자

혼자보다 둘이서
다져지고 볶아진 솥에
어울리지 못하는 것이 과연 무엇일까

바다를 품어 안은 채로
솥에 담그면

비로소 풀리는 해산의 몸

—「미역국」 전문

이 시에서 '미역'은 물기에 해당한다. 미역은 배타적이지 않고 영혼의 동반자로서 환상의 영역으로 시적 분위기를 전환한다. 친밀함의 상징 격이었던 미역에 '물기'라는 개별적인 것이 있어 능동적으로 변신할 수 있다는 사실에 주목할 필요가 있다. "어울리지 못하는 것이 과연 무엇일까"의 의문을 풀 수 있는 열쇠의 기능을 하고 있다는 것은 현실의 인식으로부터 비롯되는 것이다. "바다를 품어 안은 채로/ 솥에 담그면/ 비로소 풀리는 해산의 몸"에 의해서 환기된다.

다음 시 「네모 바다」를 통해 시인이 지각하는 바다를 다시 한번 들여다보고자 한다.

커튼을 젖혔다 통유리를 가로지르는 이분법
한 줄, 위아래 양면으로
바다는 밤새 안구의 구분을 위해 뒤척였나 보다

수채화를 접었다가 펼친 흔적이 아스라이 남은 접점부터
자연이 만들어낸 창문틀의 콜라주

스티로폼 흰 부표가 분주하게 파도 골과 구름 사이에서

정체성에 대한 갈등을 빚고 있다
어부를 기다리는 빨간 깃대마저
윗면으로 솟았다가 다시 파도 밑으로 사라지는
번뇌의 미학을 붓은 끝끝내 놓지 않았다

—「네모 바다」 일부

이종무 시인의 「네모 바다」는 사실적 내러티브를 파괴하며 시인의 상상력이 주를 이룬다. "한 줄 위아래 양면으로/ 바다는 밤새 안구의 구분을 위해 뒤척였나 보다"의 현실은 시선으로 응시하는 가운데 구체적인 서술의 대상인 바다가 아니다. 시인의 의도된 관찰행위로 "자연이 만들어낸 창문틀의 콜라주"로 환치되고 있다. 그것은 정체성에 대한 갈등으로 확대되지만 '번뇌'라는 상식의 시선을 드러내지 않음으로써 '붓'의 존재 의미를 상상하게 한다. 이 시에서 위아래 양면과 윗면은 드러냈지만 밑면이 보이지 않는 '네모'는 현실과 먼 질서에 대한 감각 자체를 도외시한 기법으로써 무의식을 의식적으로 표현한 것으로 보인다.

이종무 시인은 첫 시집 『바다 골짜기』에서 바다의 공간을 삶의 여러 요인과의 결합을 통해 다양하게 묘사되고 있다. 시인은 바다라는 내부 공간의 도입을 통해 삶과의 연대감을 구축함과 동시에 열린 세계로의 방향을 제시한다. 이러한 능동적인 의미의 도출은 바다를 공동

체적 공간으로, 새로운 세계로의 진입을 희망하며, 바다를 사랑하는 시인의 의도로 이해한다. 바다 이미지는 단순한 표상 단계에 머물지 않고, 삶과 결합을 통해 상당한 설득력을 확보하고 있음을 『바다 골짜기』에서 발견할 수 있다. 바다의 공간성은 앞으로 바다와 관련한 중요한 역할을 담당할 것이라 보인다.

후기

바다 향수병이 있는 사람들과 제법 만났다
몸은 뭍에 있어도 그 사람에게서는 바다 냄새가 났다
어깨라도 부딪힐 때라면 그렇게 살가울 수가 없다
지혜로운 사람이다

해양문학연구회에서 공부한 시와 아이들과 함께 쓴
〈서생 바다〉, 〈서생 바다 2〉 시집에 실었던 시도 함께
담았다

바다 골짜기는 그 사람들과의 만남의 산물이다
골짝 골짝 그 흔적을 주워 담았다